CreateSpace : Livres en papier disponibles sur Amazon planète, citoyen français de France avec numéro EIN

Du même auteur*

Certaines œuvres sont connues sous différents titres.

Romans

La Faute à Souchon : (Le roman du show-biz et de la sagesse)
Quand les familles sans toit sont entrées dans les maisons fermées
Liberté j'ignorais tant de Toi (Libertés d'avant l'an 2000)
Viré, viré, viré, même viré du Rmi !
Ils ne sont pas intervenus (Peut-être un roman autobiographique)

Théâtre

Neuf femmes et la star
Les secrets de maître Pierre, notaire de campagne
Ça magouille aux assurances
Chanteur, écrivain : même cirque
Deux sœurs et un contrôle fiscal
Amour, sud et chansons
Pourquoi est-il venu :
Aventures d'écrivains régionaux
Avant les élections présidentielles
Scènes de campagne, scènes du Quercy
Blaise Pascal serait webmaster
Trois femmes et un Amour
J'avais 25 ans
« Révélations » sur « les apparitions d'Astaffort » Jacques Brel / Francis Cabrel

Théâtre pour troupes d'enfants

La fille aux 200 doudous
Les filles en profitent
Révélations sur la disparition du père Noël
Le lion l'autruche et le renard,
Mertilou prépare l'été
Nous n'irons plus au restaurant

* extrait du catalogue, voir page 31

Stéphane Ternoise

CreateSpace : Livres en papier disponibles sur Amazon planète, citoyen français de France avec numéro EIN

9 octobre 2013

Jean-Luc PETIT Editeur / livrepapier.com

Stéphane Ternoise versant auto-édition :

http://www.auto-edition.com

Tout simplement et logiquement !

Stéphane Ternoise

CreateSpace : Livres en papier disponibles sur Amazon planète, citoyen français de France avec numéro EIN

En plus de l'impression en "grande quantité" (2500 maxi) et du livre numérique, Stéphane Ternoise, 20 ans d'auto-édition, auteur-éditeur vraiment professionnel et indépendant, utilise les services de Createspace (impression à la demande) afin d'offrir un accès mondial à ses livres également de papier... sur Amazon planète...

Bien sûr d'autres solutions d'impression à la demande existent. Aucune n'a su retenir son attention. Certaines sociétés n'exigent même pas un statut d'auteur-éditeur, entretiennent (sûrement involontairement !) la confusion entre un rôle d'imprimeur, d'éditeur, et vendeur : il vous suffit de valider les conditions générales où vous dégagez le site de toute responsabilité !

Avec Amazon, tout est clair... c'est gratuit (le prestataire se paye avec une marge décente sur les ventes) mais pour Createspace il est encore nécessaire d'utiliser un espace rédigé en anglais.

La première étape pour l'auteur-éditeur consiste à se déclarer au fisc américain, à obtenir un numéro d'EIN...

Eh oui, utiliser l'anglais et demander un identifiant fiscal aux États-Unis, certains préfèrent les sites peu scrupuleux sur les obligations légales ! Mais il ne peut y avoir de professionnalisation sans respect des lois...

Malgré des souvenirs scolaires à peine suffisants pour orienter des vacanciers anglais égarés, j'y suis arrivé... C'est donc possible... Expérience en images, et conseils.

Face à 25 000 points de vente ("honorables librairies" ?) du territoires français inaccessibles aux vrais indépendants par choix également politique, s'approprier l'ensemble des solutions d'Amazon est devenu indispensable...

Stéphane Ternoise
http://www.auto-edition.com

Pour les indépendants, l'unique espoir dans le livre papier s'appelle Amazon qui s'est décidé à lancer CreateSpace en France : « *vous pouvez désormais distribuer des livres imprimés directement sur les sites Amazon européens : Amazon.co.uk, Amazon.de, Amazon.fr, Amazon.es et Amazon.it.* » (sa newsletter mai 2012) Mais avec un site en anglais et l'obligation de demander un identifiant fiscal aux Etats-Unis...

Un an plus tard, j'en suis arrivé à la conclusion de la nécessité de réaliser la première étape : remplir ce dossier en anglais. Ma première demande fut considérée incomplète, refusée. Quelques instants de découragement, face à ce fax et ses notes manuelles à déchiffrer... Le 14 août 2013, un identifiant EIN m'est parvenu des services fiscaux US, par fax… mais écrit manuellement, avec un caractère "litigieux." Confirmation tapuscrite reçue le 3 septembre. L'ensemble de mes livres numériques rejoignent ce programme, les premières ventes confirment l'intérêt d'y consacrer du temps... et des demandes plus ou moins bien formulées « pouvez-vous m'indiquer comment faire ? ».

Si certains se plaisent depuis quelques années à fournir des conseils (même avant que cela soit possible aux résidents français avec vente sur amazon.fr !...) je n'en ai trouvés aucun de complet... il m'a fallu bien des "google translate" et mails à quelques amis anglophones.

25 000 points de vente ou Amazon ? Je préfèrerais les deux. Si je parviens à proposer un catalogue de cent livres disponibles en papier, cet exemple pourrait être suivi... Ainsi, l'unique "vrai libraire" en France, celui proposant mes livres, nos livres, serait Amazon…

Creatspace connexion :

https://www.createspace.com

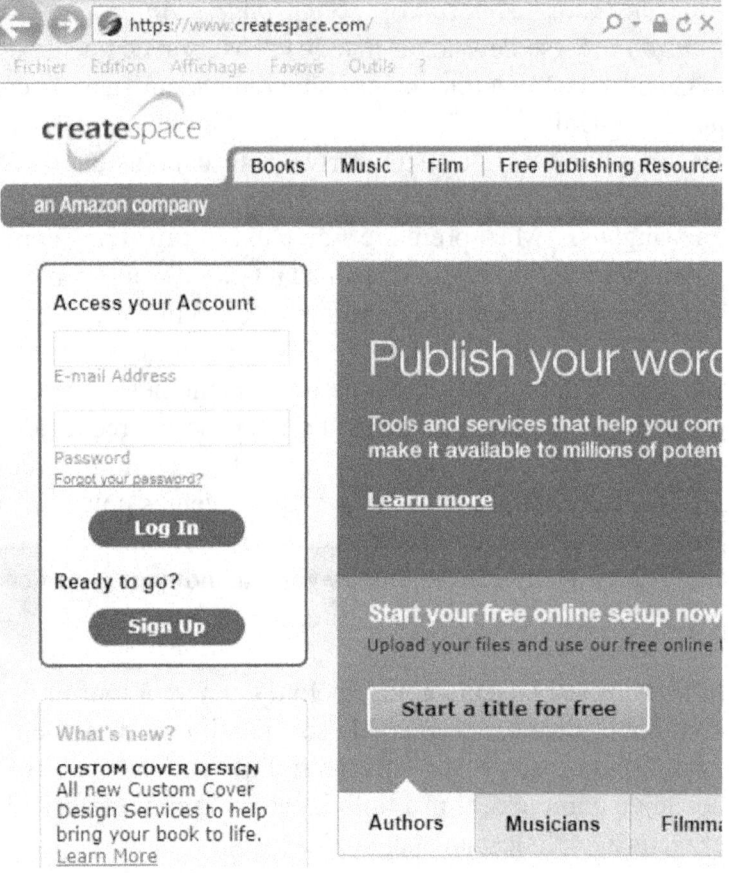

Même s'il est nécessaire d'obtenir un numéro du trésor américain, une connexion sur createspace, une inscription, me semble utile. Voir un peu comment ça marche, s'habituer au langage...

Ready to go ? : Prêt ?
Sign Up : Inscrivez-vous

First Name : Prénom
Last Name : Nom de famille

What type of media are you considering publishing ?
Quel type de supports envisagez-vous d'éditer ?

Books : livres

Je vous indique une traduction en français la plus correcte possible. Google translate est quand même une catastrophe grammaticalement...

Je vous indique la manière dont je me suis inscrit, la manière dont je gère mes publications. Si quelqu'un découvre une meilleure solution, je reste naturellement à son écoute. N'oubliez jamais qu'entre la rédaction de ce "manuel" et votre propre utilisation, Amazon et le trésor américain peuvent avoir changé des obligations, des modes de fonctionnement, des interfaces...

createspace

an Amazon company

Books | Music | Film | Free Publi

Create a New Account

* **Email Address**

This will be used as your Login ID.

* **Password**

* **Re-Enter**

Let's make sure you typed that right.

* **First Name**

* **Last Name**

* **Country**

Please Choose One ▼

* **What type of media are you considering publishing?**

Please Choose One ▼

Send me Updates and Promotions ☑

We won't sell your contact information. Privacy Policy

Create My Account

Le numéro EIN

Non, il ne faut pas mettre un numéro "au hasard" ou celui d'un ami en espérant que ça passe !
Naturellement, je vous présente le formulaire... mais il vous faut récupérer celui "d'aujourd'hui" (oui, quand vous me lirez) et surtout pas un sur un forum de vagues conseils. Ce sera sûrement encore le même...

Le site de référence
http://www.irs.gov

Si vous cliquez sur SS-4 vous obtenez le pdf du document à renvoyer.
http://www.irs.gov/pub/irs-pdf/fss4.pdf

Trois pages au format A4 avec sur la première l'adresse où envoyer la deuxième à remplir. Par courrier postal, fax... il est également possible, mais un très bon niveau en anglais semble indispensable, de réaliser cette formalité par téléphone. Si vous avez acheté ce document, je vous pense plus dans une situation proche de la mienne qu'à lire Philip Roth sans traduction.

À envoyer à (j'ai lu une autre adresse sur le blog d'un auteur)

Internal Revenue Service Center
Attn: EIN International Operation
Cincinnati, OH 45999
Fax-TIN: 859-669-5987

Pour le fax, un logiciel ou appareil fournissant une excellente qualité d'envoi est nécessaire... ce qui n'est pas mon cas... Donc l'envoi fut postal, l'attente raisonnable, moins d'un mois pour la réponse.

Je vous conseille de lire "How to Apply for an EIN"
http://www.irs.gov/Businesses/Small-Businesses-&-Self-Employed/How-to-Apply-for-an-EIN
Même avec un vilain google translate.

Form **SS-4** (Rev. January 2010) Department of the Treasury Internal Revenue Service	**Application for Employer Identification Number** (For use by employers, corporations, partnerships, trusts, estates, churches, government agencies, Indian tribal entities, certain individuals, and others.) ► See separate instructions for each line. ► Keep a copy for your records.	OMB No. 1545-0003 EIN

Type or print clearly.

1	Legal name of entity (or individual) for whom the EIN is being requested

2	Trade name of business (if different from name on line 1)	3	Executor, administrator, trustee, "care of" name

4a	Mailing address (room, apt., suite no. and street, or P.O. box)	5a	Street address (if different) (Do not enter a P.O. box.)
4b	City, state, and ZIP code (if foreign, see instructions)	5b	City, state, and ZIP code (if foreign, see instructions)

6	County and state where principal business is located

7a	Name of responsible party	7b	SSN, ITIN, or EIN

8a	Is this application for a limited liability company (LLC) (or a foreign equivalent)? ☐ Yes ☐ No	8b	If 8a is "Yes," enter the number of LLC members . . . . . ►
8c	If 8a is "Yes," was the LLC organized in the United States? . . . . ☐ Yes ☐ No		

9a	Type of entity (check only one box). Caution. If 8a is "Yes," see the instructions for the correct box to check.	
	☐ Sole proprietor (SSN)	☐ Estate (SSN of decedent)
	☐ Partnership	☐ Plan administrator (TIN)
	☐ Corporation (enter form number to be filed) ►	☐ Trust (TIN of grantor)
	☐ Personal service corporation	☐ National Guard ☐ State/local government
	☐ Church or church-controlled organization	☐ Farmers' cooperative ☐ Federal government/military
	☐ Other nonprofit organization (specify) ►	☐ REMIC ☐ Indian tribal governments/enterprises
	☐ Other (specify) ►	Group Exemption Number (GEN) if any ►

9b	If a corporation, name the state or foreign country (if applicable) where incorporated	State	Foreign country

10	Reason for applying (check only one box)	☐ Banking purpose (specify purpose) ►
	☐ Started new business (specify type) ►	☐ Changed type of organization (specify new type) ►

10	Reason for applying (check only one box)	☐ Banking purpose (specify purpose) ►
	☐ Started new business (specify type) ►	☐ Changed type of organization (specify new type) ►
		☐ Purchased going business
	☐ Hired employees (Check the box and see line 13.)	☐ Created a trust (specify type) ►
	☐ Compliance with IRS withholding regulations	☐ Created a pension plan (specify type) ►
	☐ Other (specify) ►	

11	Date business started or acquired (month, day, year). See instructions.	12	Closing month of accounting year

13	Highest number of employees expected in the next 12 months (enter -0- if none). If no employees expected, skip line 14.	14	If you expect your employment tax liability to be $1,000 or less in a full calendar year and want to file Form 944 annually instead of Forms 941 quarterly, check here. (Your employment tax liability generally will be $1,000 or less if you expect to pay $4,000 or less in total wages.) If you do not check this box, you must file Form 941 for every quarter. ☐

Agricultural	Household	Other

15	First date wages or annuities were paid (month, day, year). Note. If applicant is a withholding agent, enter date income will first be paid to nonresident alien (month, day, year) . . . . ►

16	Check one box that best describes the principal activity of your business.	☐ Health care & social assistance	☐ Wholesale-agent/broker
	☐ Construction ☐ Rental & leasing ☐ Transportation & warehousing	☐ Accommodation & food service	☐ Wholesale-other ☐ Retail
	☐ Real estate ☐ Manufacturing ☐ Finance & insurance	☐ Other (specify)	

17	Indicate principal line of merchandise sold, specific construction work done, products produced, or services provided.

18	Has the applicant entity shown on line 1 ever applied for and received an EIN? ☐ Yes ☐ No If "Yes," write previous EIN here ►

Third Party Designee	Complete this section only if you want to authorize the named individual to receive the entity's EIN and answer questions about the completion of this form.	
	Designee's name	Designee's telephone number (include area code) ( )
	Address and ZIP code	Designee's fax number (include area code) ( )

Under penalties of perjury, I declare that I have examined this application, and to the best of my knowledge and belief, it is true, correct, and complete.	Applicant's telephone number (include area code) ( )
Name and title (type or print clearly) ►	
Signature ► Date ►	Applicant's fax number (include area code) ( )

For Privacy Act and Paperwork Reduction Act Notice, see separate instructions.   Cat. No. 16055N   Form **SS-4** (Rev. 1-2010)

Ne vous effrayez pas, je vais vous noter les cases à compléter !

1	Legal name of entity (or individual) for whom the EIN is being requested	
	Nom Prénom	

	2	Trade name of business (if different from name on line 1)	3	Executor, administrator, trustee, "care of" name
				Nom Prénom

	4a	Mailing address (room, apt., suite no. and street, or P.O. box)	5a	Street address (if different) (Do not enter a P.O. box.)
		adresse		
	4b	City, state, and ZIP code (if foreign, see instructions)	5b	City, state, and ZIP code (if foreign, see instructions)
		ville		code postal

	6	County and state where principal business is located
		FRANCE

	7a	Name of responsible party	7b	SSN, ITIN, or EIN
		Nom Prénom		Numéro de Sécurité sociale

8a	Is this application for a limited liability company (LLC) (or a foreign equivalent)? . . . . ☐ Yes ☒ No	8b	If 8a is "Yes," enter the number of LLC members . . . . ►
8c	If 8a is "Yes," was the LLC organized in the United States? . . . . ☐ Yes ☐ No		

Type or print clearly.

En 1, 3, 7.1 : Nom Prénom
L'adresse postale dans les autres cases (4a 4b 5b 6).
Et surtout, en 7b le "Numéro de Sécurité sociale."
Ce que je n'avais pas noté au premier envoi.

8a : non

9a	Type of entity (check only one box). Caution. If 8a is "Yes," see the instructions for the correct box to check.		
	☒ Sole proprietor (SSN) _____	☐ Estate (SSN of decedent) _____	
	☐ Partnership	☐ Plan administrator (TIN) _____	
	☐ Corporation (enter form number to be filed) ►	☐ Trust (TIN of grantor) _____	
	☐ Personal service corporation	☐ National Guard	☐ State/local government
	☐ Church or church-controlled organization	☐ Farmers' cooperative	☐ Federal government/military
	☐ Other nonprofit organization (specify) ►	☐ REMIC	☐ Indian tribal governments/enterprises
	☐ Other (specify) ►	Group Exemption Number (GEN) if any ►	

9b	If a corporation, name the state or foreign country (if applicable) where incorporated	State	Foreign country FRANCE

10	Reason for applying (check only one box)	☒ Banking purpose (specify purpose) ► createspace.com AMAZON
	☐ Started new business (specify type) ► _____	☐ Changed type of organization (specify new type) ► _____
		☐ Purchased going business
	☐ Hired employees (Check the box and see line 13.)	☐ Created a trust (specify type) ► _____
	☐ Compliance with IRS withholding regulations	☐ Created a pension plan (specify type) ► _____
	☐ Other (specify) ►	

11	Date business started or acquired (month, day, year). See instructions. 24/06/1997	12	Closing month of accounting year 31/12

13	Highest number of employees expected in the next 12 months (enter -0- if none). If no employees expected, skip line 14.			14	If you expect your employment tax liability to be $1,000 or less in a full calendar year and want to file Form 944 annually instead of Forms 941 quarterly, check here. (Your employment tax liability generally will be $1,000 or less if you expect to pay $4,000 or less in total wages.) If you do not check this box, you must file Form 941 for every quarter. ☐
	Agricultural	Household	Other		
	-0-	-0-	-0-		

15	First date wages or annuities were paid (month, day, year). Note. If applicant is a withholding agent, enter date income will first be paid to nonresident alien (month, day, year) . . . . ►	

16	Check one box that best describes the principal activity of your business. ☐ Health care & social assistance ☐ Wholesale-agent/broker
	☐ Construction ☐ Rental & leasing ☐ Transportation & warehousing ☐ Accommodation & food service ☐ Wholesale-other ☐ Retail
	☐ Real estate ☐ Manufacturing ☐ Finance & insurance ☒ Other (specify) Paper books publishing in France

17	Indicate principal line of merchandise sold, specific construction work done, products produced, or services provided.
	Books publishing

18	Has the applicant entity shown on line 1 ever applied for and received an EIN? ☐ Yes ☒ No
	If "Yes," write previous EIN here ► _____

9a : j'avais coché "Personal service corporation"
mais sur le fax de validation, fut entouré "Sole proprietor
(SSN)"

sole proprietor : propriétaire unique

9B : Foreign country FRANCE

10 : Banking purpose (specify purpose) : createspace.com
AMAZON

11 : Date business started or acquired (month, day, year).
See instructions.

Date de création de mon business auteur-éditeur :
24/06/1997

Closing month of accounting year
Mois de clôture de l'année comptable : 31/12

16 : Other (specify) : Paper books publishing in France

17 : Books publishing

18 : NON

Reste à signer, dater, ajouter le numéro de téléphone et de fax (indicatif 33)

Remplir en ligne et imprimer pour signer... et compléter le numéro de téléphone si nécessaire car le formulaire n'acceptait que 8 nombres et en France il en faut 9 (0 non noté dans les numéros au format international)

Heureusement, en cas d'erreur, un fax le signale :

Line 7 must indicate the name and Social Security Number (SSN) or Employer Identification Number (EIN) if applicable, of the principal officer, president, vice president, corporate secretary, corporate treasurer, or corporate executive officer.

P. S. If line 7b not applicable, enter count citizenship.

?.P.S. Require certificate of business filing.

Ligne 7, il fallait ajouter le numéro de sécurité sociale. Puis il fallut déchiffrer le reste.

Ligne 16, j'avais noté :
books publishing
Je l'ai remplacé par *Paper books publishing in France*

Et j'ai envoyé une copie de mon identification SIRENE.

Oui, il faut naturellement être en règle en France pour l'être aux Etats-Unis !

Ainsi pourvu de mon numéro EIN, je retournais sur Createspace...

Fournir les éléments indispensables à l'impression des livres par createspace

C'est spécifié sur l'un des documents : il est interdit de faire croire que Createspace ou Amazon est votre éditeur.

Je note ainsi :

Imprimé par CreateSpace, An Amazon.com Company pour le compte de l'auteur-éditeur indépendant.
livrepapier.com

Naturellement, je vous conseille de visiter l'ensemble des pages, lire (même avec google translate) les parties qui vous intéressent... Comme les "formats" si vous n'êtes pas habitué à fournir un PDF imprimeur ou même un ebook en PDF.

My Account (mon compte)

--> Member Dashboard (tableau de bord)

--> Create a Title (créer un titre)

Créer un titre

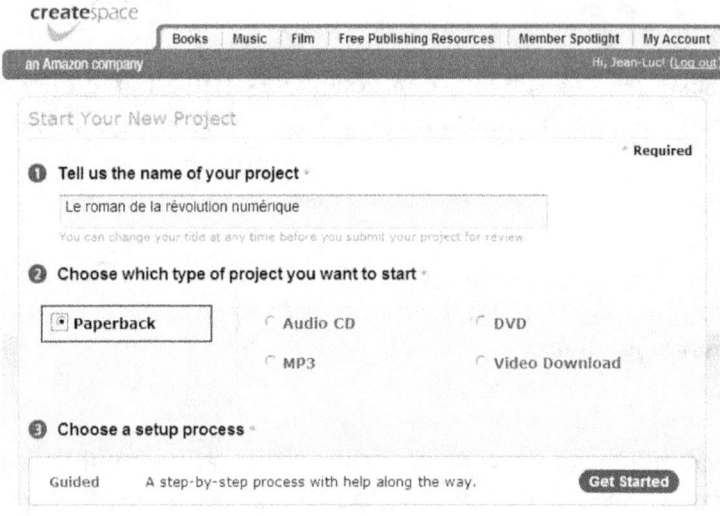

Le titre et projet. Ici papier.

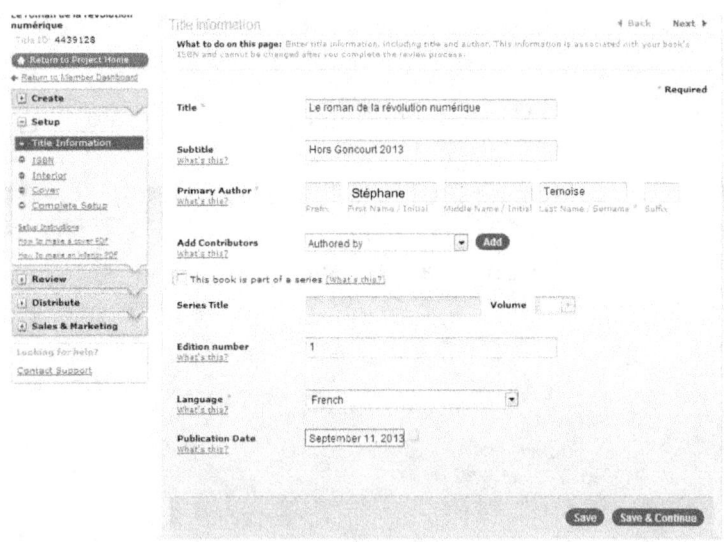

le titre est repris (mais avec les accents non gérés donc je remets les accents). Possibilité d'ajouter un sous-titre. Le nom de l'auteur. Possibilité de gérer plusieurs auteurs. La langue. La date de publication.

Vous pouvez utiliser un ISBN fourni par Amazon... Il ne me semble pas cohérent d'utiliser un autre numéro que l'un de notre série.

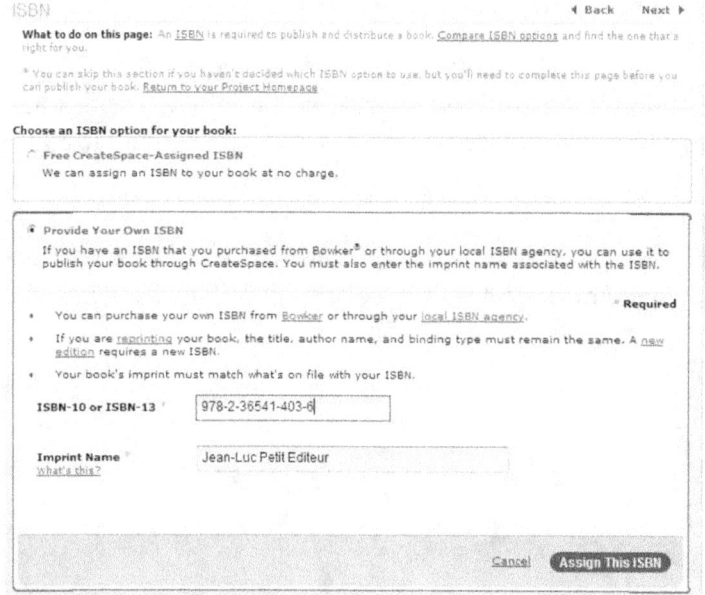

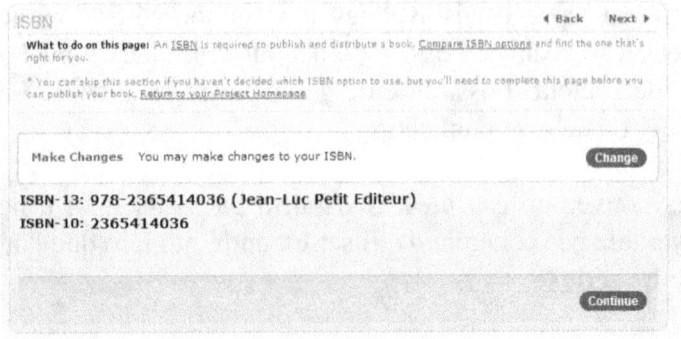

De quel format sera le livre ?

Le 14.8 * 21 de nos imprimeurs n'est pas un format standard chez Amazon. Il nous propose en premier choix 6' * 9', soit 15.24 par 22.56. Je préfère 13.97 par 21.59, soit 5'5 par 8'5.

Qui plus est, travaillant avec works, il possède ce format en standard (statement works) ce qui évite les millimètrages.

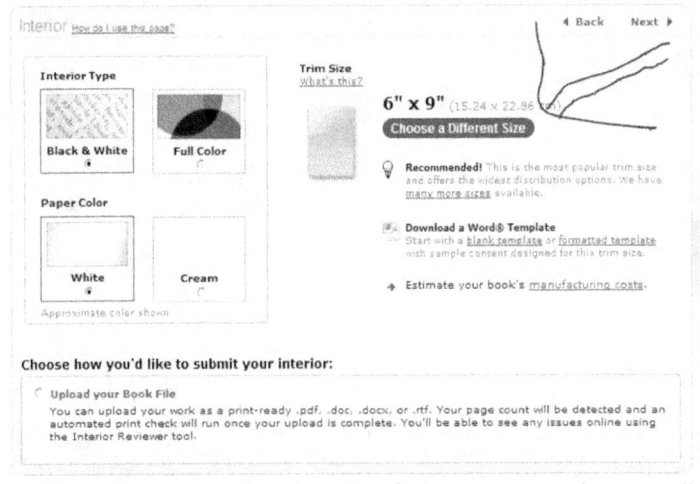

En cliquant sur l'option des formats, vous n'avez qu'à choisir...

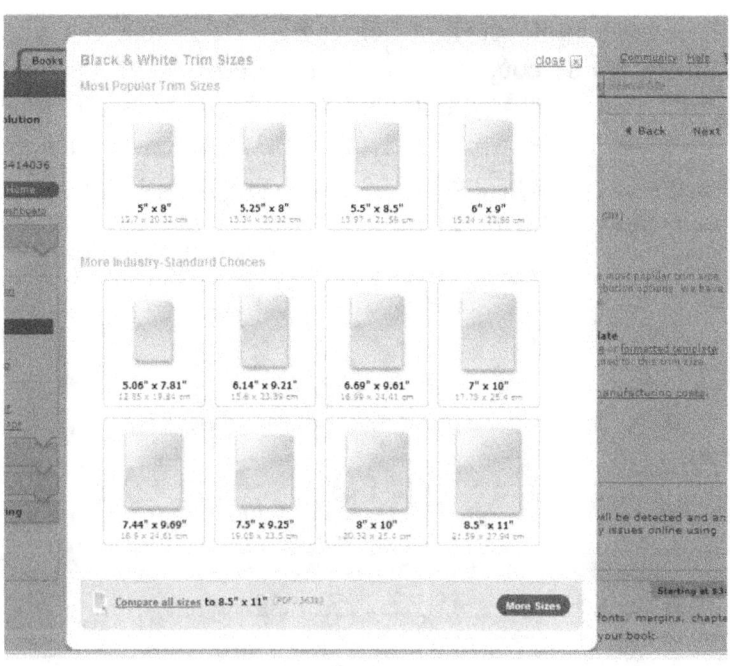

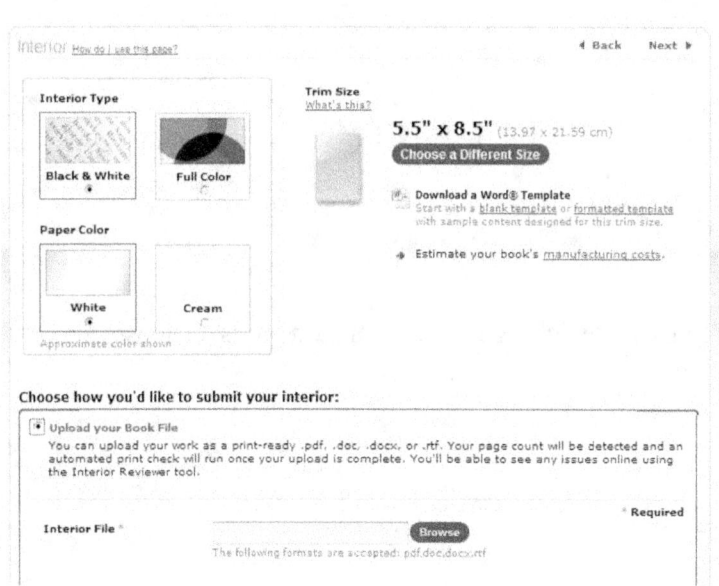

Et envoyer (uploader) un fichier PDF du format exact en spécifiant une coupure juste au bord (sans ajout de fond perdu... ajouter un fond perdu représente un coût plus élevé... et je n'en vois pas l'utilité : il faut penser au livre tel qu'il sera imprimé.) Il ne s'agit pas ici d'expliquer la réalisation d'un fichier PDF...

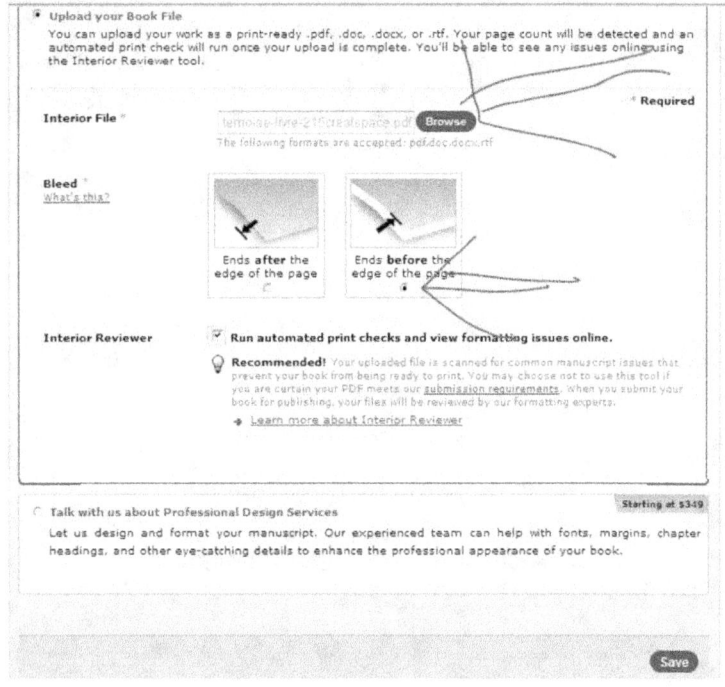

Après le téléchargement, Amazon vous propose un outil de contrôle.

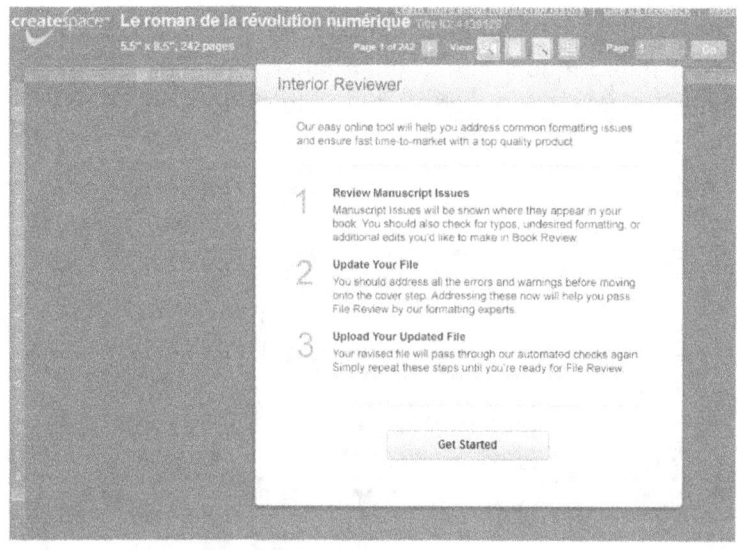

Ici le numéro des pages était positionné trop bas... Donc il fallut modifier... Il est également possible de changer... la taille du livre en cas de problème avec les marges. comme passer d'un 5'5 * 8' à 6' * 9' et Amazon gérera la différence de format (d'une manière correcte en plus !). C'est ainsi que j'ai pratiqué pour un livre dépassant les 500 pages pour lequel les marges "de pliage" doivent être plus élevées.

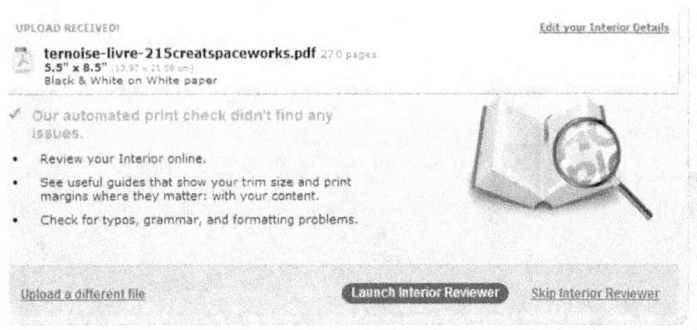

Ensuite, même principe pour la couverture. En PDF. Ajouter un fond perdu de 3,1 millimètres. Et calculer l'épaisseur du livre, grâce à une multiplication du nombre de pages par un coefficient.

Pour un livre imprimé en noir et blanc : épaisseur = nombre de pages * 0.002252, le résultat est en Inch, donc il convient de le multiplier par 2.54.

Pour un livre imprimé en couleur : épaisseur = nombre de pages * 0.002347, le résultat est en Inch, donc il convient de le multiplier par 2.54.

Ainsi la largeur d'un livre 5'5 * 8' sera de 0.31 + 13.97 + dos + 13.97 + 0.31, en centimètres.

Exemple d'une couverture :

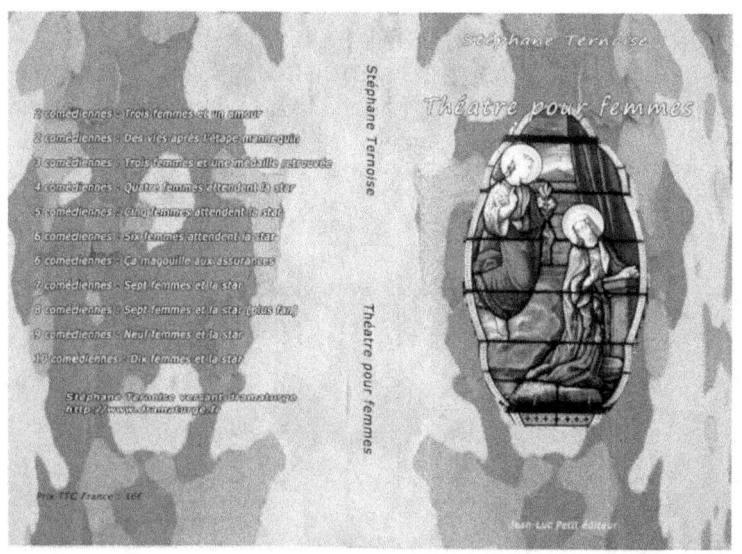

Ensuite, les "réseaux de distribution." Les options payantes sont naturellement à ne pas sélectionner. Qui plus est pour des livres en français. Le prix de vente (qui devra être noté sur la couverture donc vous pouvez vous "amuser" un peu avec les grilles de tests pour trouver votre prix avant de réaliser la couverture. En moyenne, il me revient un tiers du prix du vente, ce qui est correct, sachant l'absence d'investissement et la prise en charge des frais d'envoi. Si vous êtes plus gourmand vous pouvez augmenter le prix de vente. Mais comme en numérique, je pratique le tarif très décent. Dernière grille, une description et le choix d'une rubrique... Où suivant votre sujet vous pouvez être amené à encore utiliser google translate. Validation. Et vous recevrez un message vous demandant une ultime validation ou des corrections environ 24 heures plus tard.

Quant à l'arrivée sur amazon.fr, le record fut 48 heures, le plus souvent une petite semaine.

Naturellement, pas de miracle : pour vendre il faut informer. Il est rare que le titre suffise ! Sauf peut-être pour un document de ce genre ? Mais cela est un autre sujet...

Stéphane Ternoise… un peu plus d'informations

Né en 1968

http://www.ecrivain.pro essaye d'être complet, avec un "blog" (je préfère l'expression "une partie des chroniques"). Mais il ne peut naturellement pas copier coller l'ensemble des textes présentés ailleurs.

http://www.romancier.net

http://www.dramaturge.net

http://www.essayiste.net

http://www.lotois.fr

Les noms de ces sites me semblent explicites…
Le graphisme reste rudimentaire. Tant de choses à faire…

http://www.salondulivre.net le prix littéraire a lancé sa onzième édition. Une réussite d'indépendance. Mais peu visible…

L'ensemble des livres numériques ont vocation à devenir disponibles en papier et réciproquement. Il convient donc de parler de livre au sens fondamental du terme : le contenu, l'œuvre. En juillet 2013, le catalogue numérique de Stéphane Ternoise dépasse la barre naguère inimaginable de la centaine. Il est constitué de romans, pièces de théâtre, essais mais également de photos, qu'elles soient d'art (notion vague) ou documentaires (présentation de lieux, Cahors, Cajarc, Montcuq, Beauregard, Golfech…), publications pour lesquelles l'investissement en papier est impossible, sauf à recourir à l'impression à la demande.

Site officiel : http://www.ecrivain.pro

Présentation des livres essentiels :
http://www.utopie.pro

Auto-édition :
http://www.auto-edition.com

CreateSpace : Livres en papier disponibles sur Amazon planète, citoyen français de France avec numéro EIN de **Stéphane Ternoise**

Dépôt légal à la publication au format ebook du 9 octobre 2013.

Imprimé par CreateSpace, An Amazon.com Company pour le compte de l'auteur-éditeur indépendant.
livrepapier.com

ISBN 978-2-36541-439-5
EAN 782365414395